2018

January

S	M	T	W	T	F	S
31	1	2	3	4	5	6
7	8	9	10	11	12	13
14	15	16	17	18	19	20
21	22	23	24	25	26	27
28	29	30	31	1	2	3
4	5	6	7	8	9	10

February

S	M	T	W	T	F	S
28	29	30	31	1	2	3
4	5	6	7	8	9	10
11	12	13	14	15	16	17
18	19	20	21	22	23	24
25	26	27	28	1	2	3
4	5	6	7	8	9	10

March

S	M	T	W	T	F	S
25	26	27	28	1	2	3
4	5	6	7	8	9	10
11	12	13	14	15	16	17
18	19	20	21	22	23	24
25	26	27	28	29	30	31
1	2	3	4	5	6	7

April

S	M	T	W	T	F	S
1	2	3	4	5	6	7
8	9	10	11	12	13	14
15	16	17	18	19	20	21
22	23	24	25	26	27	28
29	30	1	2	3	4	5
6	7	8	9	10	11	12

May

S	M	T	W	T	F	S
29	30	1	2	3	4	5
6	7	8	9	10	11	12
13	14	15	16	17	18	19
20	21	22	23	24	25	26
27	28	29	30	31	1	2
3	4	5	6	7	8	9

June

S	M	T	W	T	F	S
27	28	29	30	31	1	2
3	4	5	6	7	8	9
10	11	12	13	14	15	16
17	18	19	20	21	22	23
24	25	26	27	28	29	30
1	2	3	4	5	6	7

July

S	M	T	W	T	F	S
1	2	3	4	5	6	7
8	9	10	11	12	13	14
15	16	17	18	19	20	21
22	23	24	25	26	27	28
29	30	31	1	2	3	4
5	6	7	8	9	10	11

August

S	M	T	W	T	F	S
29	30	31	1	2	3	4
5	6	7	8	9	10	11
12	13	14	15	16	17	18
19	20	21	22	23	24	25
26	27	28	29	30	31	1
2	3	4	5	6	7	8

September

S	M	T	W	T	F	S
26	27	28	29	30	31	1
2	3	4	5	6	7	8
9	10	11	12	13	14	15
16	17	18	19	20	21	22
23	24	25	26	27	28	29
30	1	2	3	4	5	6

October

S	M	T	W	T	F	S
30	1	2	3	4	5	6
7	8	9	10	11	12	13
14	15	16	17	18	19	20
21	22	23	24	25	26	27
28	29	30	31	1	2	3
4	5	6	7	8	9	10

November

S	M	T	W	T	F	S
28	29	30	31	1	2	3
4	5	6	7	8	9	10
11	12	13	14	15	16	17
18	19	20	21	22	23	24
25	26	27	28	29	30	1
2	3	4	5	6	7	8

December

S	M	T	W	T	F	S
25	26	27	28	29	30	1
2	3	4	5	6	7	8
9	10	11	12	13	14	15
16	17	18	19	20	21	22
23	24	25	26	27	28	29
30	31	1	2	3	4	5

August 2018

Sun	Mon	Tue	Wed
29	30	31	1
5	6	7	8
12	13	14	15
19	20	21	22
26	27	28	29
2	3	4	5

Thu	Fri	Sat	Notes
2	3	4	
9	10	11	
16	17	18	
23	24	25	
30	31	1	
6	7	8	

29 July 2018

Sunday, 29 July

Monday, 30 July

Tuesday, 31 July

Wednesday, 01 August

Thursday, 02 August

Friday, 03 August / Saturday, 04 August

05 August 2018

Sunday, 05 August

Monday, 06 August

Tuesday, 07 August

Wednesday, 08 August

Thursday, 09 August

Friday, 10 August / Saturday, 11 August

12 August 2018

Sunday, 12 August

Monday, 13 August

Tuesday, 14 August

Wednesday, 15 August

Thursday, 16 August

Friday, 17 August / Saturday, 18 August

19 August 2018

Sunday, 19 August

Monday, 20 August

Tuesday, 21 August

Wednesday, 22 August

Thursday, 23 August

Friday, 24 August / Saturday, 25 August

26 August 2018

Sunday, 26 August

Monday, 27 August

Tuesday, 28 August

Wednesday, 29 August

Thursday, 30 August

Friday, 31 August / Saturday, 01 September

September 2018

Sun	Mon	Tue	Wed
26	27	28	29
2	3	4	5
9	10	11	12
16	17	18	19
23	24	25	26
30	1	2	3

Thu	Fri	Sat	Notes
30	31	1	
6	7	8	
13	14	15	
20	21	22	
27	28	29	
4	5	6	

02 September 2018

Sunday, 02 September

Monday, 03 September

Tuesday, 04 September

Wednesday, 05 September

Thursday, 06 September

Friday, 07 September / Saturday, 08 September

09 September 2018

Sunday, 09 September

Monday, 10 September

Tuesday, 11 September

Wednesday, 12 September

Thursday, 13 September

Friday, 14 September / Saturday, 15 September

16 September 2018

Sunday, 16 September

Monday, 17 September

Tuesday, 18 September

Wednesday, 19 September

Thursday, 20 September

Friday, 21 September / Saturday, 22 September

23 September 2018

Sunday, 23 September

Monday, 24 September

Tuesday, 25 September

Wednesday, 26 September

Thursday, 27 September

Friday, 28 September / Saturday, 29 September

October 2018

Sun	Mon	Tue	Wed
30	1	2	3
7	8	9	10
14	15	16	17
21	22	23	24
28	29	30	31
4	5	6	7

Thu	Fri	Sat	Notes
4	5	6	
11	12	13	
18	19	20	
25	26	27	
1	2	3	
8	9	10	

30 September 2018

Sunday, 30 September

Monday, 01 October

Tuesday, 02 October

Wednesday, 03 October

Thursday, 04 October

Friday, 05 October / Saturday, 06 October

07 October 2018

Sunday, 07 October

Monday, 08 October

Tuesday, 09 October

Wednesday, 10 October

Thursday, 11 October

Friday, 12 October / Saturday, 13 October

14 October 2018

Sunday, 14 October

Monday, 15 October

Tuesday, 16 October

Wednesday, 17 October

Thursday, 18 October

Friday, 19 October / Saturday, 20 October

21 October 2018

Sunday, 21 October

Monday, 22 October

Tuesday, 23 October

Wednesday, 24 October

Thursday, 25 October

Friday, 26 October / Saturday, 27 October

28 October 2018

Sunday, 28 October

Monday, 29 October

Tuesday, 30 October

Wednesday, 31 October

Thursday, 01 November

Friday, 02 November / Saturday, 03 November

November 2018

Sun	Mon	Tue	Wed
28	29	30	31
4	5	6	7
11	12	13	14
18	19	20	21
25	26	27	28
2	3	4	5

Thu	Fri	Sat	Notes
1	2	3	
8	9	10	
15	16	17	
22	23	24	
29	30	1	
6	7	8	

04 November 2018

Sunday, 04 November

Monday, 05 November

Tuesday, 06 November

Wednesday, 07 November

Thursday, 08 November

Friday, 09 November / Saturday, 10 November

11 November 2018

Sunday, 11 November

Monday, 12 November

Tuesday, 13 November

Wednesday, 14 November

Thursday, 15 November

Friday, 16 November / Saturday, 17 November

18 November 2018

Sunday, 18 November

Monday, 19 November

Tuesday, 20 November

Wednesday, 21 November

Thursday, 22 November

Friday, 23 November / Saturday, 24 November

25 November 2018

Sunday, 25 November

Monday, 26 November

Tuesday, 27 November

Wednesday, 28 November

Thursday, 29 November

Friday, 30 November / Saturday, 01 December

December 2018

Sun	Mon	Tue	Wed
25	26	27	28
2	3	4	5
9	10	11	12
16	17	18	19
23	24	25	26
30	31	1	2

Thu	Fri	Sat	Notes
29	30	1	
6	7	8	
13	14	15	
20	21	22	
27	28	29	
3	4	5	

02 December 2018

Sunday, 02 December

Monday, 03 December

Tuesday, 04 December

Wednesday, 05 December

Thursday, 06 December

Friday, 07 December / Saturday, 08 December

09 December 2018

Sunday, 09 December

Monday, 10 December

Tuesday, 11 December

Wednesday, 12 December

Thursday, 13 December

Friday, 14 December / Saturday, 15 December

16 December 2018

Sunday, 16 December

Monday, 17 December

Tuesday, 18 December

Wednesday, 19 December

Thursday, 20 December

Friday, 21 December / Saturday, 22 December

23 December 2018

Sunday, 23 December

Monday, 24 December

Tuesday, 25 December

Wednesday, 26 December

Thursday, 27 December

Friday, 28 December / Saturday, 29 December

2019

January

S	M	T	W	T	F	S
30	31	1	2	3	4	5
6	7	8	9	10	11	12
13	14	15	16	17	18	19
20	21	22	23	24	25	26
27	28	29	30	31	1	2
3	4	5	6	7	8	9

February

S	M	T	W	T	F	S
27	28	29	30	31	1	2
3	4	5	6	7	8	9
10	11	12	13	14	15	16
17	18	19	20	21	22	23
24	25	26	27	28	1	2
3	4	5	6	7	8	9

March

S	M	T	W	T	F	S
24	25	26	27	28	1	2
3	4	5	6	7	8	9
10	11	12	13	14	15	16
17	18	19	20	21	22	23
24	25	26	27	28	29	30
31	1	2	3	4	5	6

April

S	M	T	W	T	F	S
31	1	2	3	4	5	6
7	8	9	10	11	12	13
14	15	16	17	18	19	20
21	22	23	24	25	26	27
28	29	30	1	2	3	4
5	6	7	8	9	10	11

May

S	M	T	W	T	F	S
28	29	30	1	2	3	4
5	6	7	8	9	10	11
12	13	14	15	16	17	18
19	20	21	22	23	24	25
26	27	28	29	30	31	1
2	3	4	5	6	7	8

June

S	M	T	W	T	F	S
26	27	28	29	30	31	1
2	3	4	5	6	7	8
9	10	11	12	13	14	15
16	17	18	19	20	21	22
23	24	25	26	27	28	29
30	1	2	3	4	5	6

July

S	M	T	W	T	F	S
30	1	2	3	4	5	6
7	8	9	10	11	12	13
14	15	16	17	18	19	20
21	22	23	24	25	26	27
28	29	30	31	1	2	3
4	5	6	7	8	9	10

August

S	M	T	W	T	F	S
28	29	30	31	1	2	3
4	5	6	7	8	9	10
11	12	13	14	15	16	17
18	19	20	21	22	23	24
25	26	27	28	29	30	31
1	2	3	4	5	6	7

September

S	M	T	W	T	F	S
1	2	3	4	5	6	7
8	9	10	11	12	13	14
15	16	17	18	19	20	21
22	23	24	25	26	27	28
29	30	1	2	3	4	5
6	7	8	9	10	11	12

October

S	M	T	W	T	F	S
29	30	1	2	3	4	5
6	7	8	9	10	11	12
13	14	15	16	17	18	19
20	21	22	23	24	25	26
27	28	29	30	31	1	2
3	4	5	6	7	8	9

November

S	M	T	W	T	F	S
27	28	29	30	31	1	2
3	4	5	6	7	8	9
10	11	12	13	14	15	16
17	18	19	20	21	22	23
24	25	26	27	28	29	30
1	2	3	4	5	6	7

December

S	M	T	W	T	F	S
1	2	3	4	5	6	7
8	9	10	11	12	13	14
15	16	17	18	19	20	21
22	23	24	25	26	27	28
29	30	31	1	2	3	4
5	6	7	8	9	10	11

January 2019

Sun	Mon	Tue	Wed
30	31	1	2
6	7	8	9
13	14	15	16
20	21	22	23
27	28	29	30
3	4	5	6

Thu	Fri	Sat	Notes
3	4	5	
10	11	12	
17	18	19	
24	25	26	
31	1	2	
7	8	9	

30 December 2018

Sunday, 30 December

Monday, 31 December

Tuesday, 01 January

Wednesday, 02 January

Thursday, 03 January

Friday, 04 January / Saturday, 05 January

06 January 2019

Sunday, 06 January

Monday, 07 January

Tuesday, 08 January

Wednesday, 09 January

Thursday, 10 January

Friday, 11 January / Saturday, 12 January

13 January 2019

Sunday, 13 January

Monday, 14 January

Tuesday, 15 January

Wednesday, 16 January

Thursday, 17 January

Friday, 18 January / Saturday, 19 January

20 January 2019

Sunday, 20 January

Monday, 21 January

Tuesday, 22 January

Wednesday, 23 January

Thursday, 24 January

Friday, 25 January / Saturday, 26 January

27 January 2019

Sunday, 27 January

Monday, 28 January

Tuesday, 29 January

Wednesday, 30 January

Thursday, 31 January

Friday, 01 February / Saturday, 02 February

February 2019

Sun	Mon	Tue	Wed
27	28	29	30
3	4	5	6
10	11	12	13
17	18	19	20
24	25	26	27
3	4	5	6

Thu	Fri	Sat	Notes
31	1	2	
7	8	9	
14	15	16	
21	22	23	
28	1	2	
7	8	9	

03 February 2019

Sunday, 03 February

Monday, 04 February

Tuesday, 05 February

Wednesday, 06 February

Thursday, 07 February

Friday, 08 February / Saturday, 09 February

10 February 2019

Sunday, 10 February

Monday, 11 February

Tuesday, 12 February

Wednesday, 13 February

Thursday, 14 February

Friday, 15 February / Saturday, 16 February

17 February 2019

Sunday, 17 February

Monday, 18 February

Tuesday, 19 February

Wednesday, 20 February

Thursday, 21 February

Friday, 22 February / Saturday, 23 February

24 February 2019

Sunday, 24 February

Monday, 25 February

Tuesday, 26 February

Wednesday, 27 February

Thursday, 28 February

Friday, 01 March / Saturday, 02 March

March 2019

Sun	Mon	Tue	Wed
24	25	26	27
3	4	5	6
10	11	12	13
17	18	19	20
24	25	26	27
31	1	2	3

Thu	Fri	Sat	Notes
28	1	2	
7	8	9	
14	15	16	
21	22	23	
28	29	30	
4	5	6	

03 March 2019

Sunday, 03 March

Monday, 04 March

Tuesday, 05 March

Wednesday, 06 March

Thursday, 07 March

Friday, 08 March / Saturday, 09 March

10 March 2019

Sunday, 10 March

Monday, 11 March

Tuesday, 12 March

Wednesday, 13 March

Thursday, 14 March

Friday, 15 March / Saturday, 16 March

17 March 2019

Sunday, 17 March

Monday, 18 March

Tuesday, 19 March

Wednesday, 20 March

Thursday, 21 March

Friday, 22 March / Saturday, 23 March

24 March 2019

Sunday, 24 March

Monday, 25 March

Tuesday, 26 March

Wednesday, 27 March

Thursday, 28 March

Friday, 29 March / Saturday, 30 March

April 2019

Sun	Mon	Tue	Wed
31	1	2	3
7	8	9	10
14	15	16	17
21	22	23	24
28	29	30	1
5	6	7	8

Thu	Fri	Sat	Notes
4	5	6	
11	12	13	
18	19	20	
25	26	27	
2	3	4	
9	10	11	

31 March 2019

Sunday, 31 March

Monday, 01 April

Tuesday, 02 April

Wednesday, 03 April

Thursday, 04 April

Friday, 05 April / Saturday, 06 April

07 April 2019

Sunday, 07 April

Monday, 08 April

Tuesday, 09 April

Wednesday, 10 April

Thursday, 11 April

Friday, 12 April / Saturday, 13 April

14 April 2019

Sunday, 14 April

Monday, 15 April

Tuesday, 16 April

Wednesday, 17 April

Thursday, 18 April

Friday, 19 April / Saturday, 20 April

21 April 2019

Sunday, 21 April

Monday, 22 April

Tuesday, 23 April

Wednesday, 24 April

Thursday, 25 April

Friday, 26 April / Saturday, 27 April

May 2019

Sun	Mon	Tue	Wed
28	29	30	1
5	6	7	8
12	13	14	15
19	20	21	22
26	27	28	29
2	3	4	5

Thu	Fri	Sat	Notes
2	3	4	
9	10	11	
16	17	18	
23	24	25	
30	31	1	
6	7	8	

28 April 2019

Sunday, 28 April

Monday, 29 April

Tuesday, 30 April

Wednesday, 01 May

Thursday, 02 May

Friday, 03 May / Saturday, 04 May

05 May 2019

Sunday, 05 May

Monday, 06 May

Tuesday, 07 May

Wednesday, 08 May

Thursday, 09 May

Friday, 10 May / Saturday, 11 May

12 May 2019

Sunday, 12 May

Monday, 13 May

Tuesday, 14 May

Wednesday, 15 May

Thursday, 16 May

Friday, 17 May / Saturday, 18 May

19 May 2019

Sunday, 19 May

Monday, 20 May

Tuesday, 21 May

Wednesday, 22 May

Thursday, 23 May

Friday, 24 May / Saturday, 25 May

26 May 2019

Sunday, 26 May

Monday, 27 May

Tuesday, 28 May

Wednesday, 29 May

Thursday, 30 May

Friday, 31 May / Saturday, 01 June

June 2019

Sun	Mon	Tue	Wed
26	27	28	29
2	3	4	5
9	10	11	12
16	17	18	19
23	24	25	26
30	1	2	3

Thu	Fri	Sat	Notes
30	31	1	
6	7	8	
13	14	15	
20	21	22	
27	28	29	
4	5	6	

02 June 2019

Sunday, 02 June

Monday, 03 June

Tuesday, 04 June

Wednesday, 05 June

Thursday, 06 June

Friday, 07 June / Saturday, 08 June

09 June 2019

Sunday, 09 June

Monday, 10 June

Tuesday, 11 June

Wednesday, 12 June

Thursday, 13 June

Friday, 14 June / Saturday, 15 June

16 June 2019

Sunday, 16 June

Monday, 17 June

Tuesday, 18 June

Wednesday, 19 June

Thursday, 20 June

Friday, 21 June / Saturday, 22 June

23 June 2019

Sunday, 23 June

Monday, 24 June

Tuesday, 25 June

Wednesday, 26 June

Thursday, 27 June

Friday, 28 June / Saturday, 29 June

July 2019

Sun	Mon	Tue	Wed
30	1	2	3
7	8	9	10
14	15	16	17
21	22	23	24
28	29	30	31
4	5	6	7

Thu	Fri	Sat	Notes
4	5	6	
11	12	13	
18	19	20	
25	26	27	
1	2	3	
8	9	10	

30 June 2019

Sunday, 30 June

Monday, 01 July

Tuesday, 02 July

Wednesday, 03 July

Thursday, 04 July

Friday, 05 July / Saturday, 06 July

07 July 2019

Sunday, 07 July

Monday, 08 July

Tuesday, 09 July

Wednesday, 10 July

Thursday, 11 July

Friday, 12 July / Saturday, 13 July

14 July 2019

Sunday, 14 July

Monday, 15 July

Tuesday, 16 July

Wednesday, 17 July

Thursday, 18 July

Friday, 19 July / Saturday, 20 July

21 July 2019

Sunday, 21 July

Monday, 22 July

Tuesday, 23 July

Wednesday, 24 July

Thursday, 25 July

Friday, 26 July / Saturday, 27 July

28 July 2019

Sunday, 28 July

Monday, 29 July

Tuesday, 30 July

Wednesday, 31 July

Thursday, 01 August

Friday, 02 August / Saturday, 03 August